LA LONZA

de Dante

et

les « Léopards »

de Pétrarque et de l'Arioste

ISBN 978-2-487404-14-4

Les gens de lettres, historiens, poètes, conteurs, etc., sont d'ordinaire peu familiarisés avec les noms de bêtes, de plantes et de minéraux ; et lorsqu'ils les emploient, il leur arrive souvent d'en altérer soit la forme, soit la signification. Ce fait n'est pas nouveau ; on peut le constater chez la plupart des écrivains, depuis l'antiquité jusqu'à nos jours. Mais c'est particulièrement au règne animal, que se rapportent les erreurs les plus fréquentes et les plus singulières. Avec le temps, elles se sont tellement multipliées qu'il en est résulté une sorte de faune littéraire, très bizarre, dans laquelle les animaux sont déguisés en bêtes de tous genres, et affublés de noms plus ou moins corrompus, voire même incompréhensibles. Tantôt un seul mot sert à désigner des animaux de natures tout à fait différentes, tantôt un même animal porte les noms de plusieurs autres, qui ne lui ressemblent aucunement. Certaines appellations changent de sens suivant la région ou l'époque de leur emploi. Ainsi, en Asie, « tigre » est le nom du terrible félin bien connu, au pelage rayé ; en Afrique, le même mot sert à nominer trois grands carnassiers à peau mouchetée : la panthère, l'hyène tachetée du Cap et le guépard[1]. Dans les textes du moyen âge *leopard* (*leopardus, leopardo, lupart, lepard*...) signifie *guépard,* tandis que maintenant léopard est synonyme de panthère. On est allé jusqu'à donner au guépard, qui n'habite que l'Afrique et l'Asie, des noms tirés d'idiomes américains, comme *jaguar*[2] (du brésilien *jañuar*) et *oncelot* (pour *ocelot* !)[3] de *thatocelotl,* nom mexicain du plus beau lynx de l'Amérique. L'ancien nom italien de la panthère *lonza* (var. *leonza*) a été appliqué par certains auteurs à l'hyène, à la lionne, au guépard, au tigre et même à l'éléphant[4]. Enfin toutes ces transformations de la faune littéraire se compliquent par les fautes de lecture ou de transcription, qu'ont commises les copistes, les traducteurs, les compilateurs, les éditeurs, etc.

Afin de ne pas être taxé d'exagération, je cite, à l'appui de ce que j'avance, quelques exemples pris dans les ouvrages de divers contemporains.

---

[1]Le mot guépard, nom vulgaire du *cynailurus* des naturalistes, est à la fois une abréviation et une corruption de l'expression *hunting leopard* (léopard de chasse), que les Anglais prononcent *hœntign' léopard.* Buffon, le premier auteur, qui se soit servi de ce nom, l'avait appris chez des fourreurs de Paris.

[2] FLORIAN PHARAON, *Traité de vénerie de El Mangali,* p. 4.

[3] E. REY, *Les colonies franques de Syrie,* p. 55.

[4] N. TOMMASEO e B. BELLINI, *Diz. della ling. ital.* (v. *leonza*).

Le comte De Mas-Latrie, qui a passé la plus grande partie de sa vie à retracer l'histoire de Chypre au moyen âge, ne savait rien des chasses orientales avec les guépards et les lynx, chasses pour lesquelles les princes de Lusignan furent si passionnés ; et, en citant certains extraits de chroniques relatifs à ces félins, il expliquait en note qu'il s'agissait de « lévriers » et de « chiens courants ». Le même historien ignorait l'existence du mouflon spécial de cette île, l'*Ovis Cypria* des naturalistes ; et rencontrant dans les narrations de voyageurs en Chypre, tels que Bodensleve, Ludolphe de Sudheim et autres, les expressions *oves silvaticæ, arietes sylvestres,* il les interprétait par « espèce de « chevreuils »[5].

Au XIVe siècle, les Chypriotes appelaient le lynx de chasse, *carable,* corruption de la première partie du nom turc de cet animal, *qarah qoulag* (noires oreilles), dont nous avons tiré *caracal* (*Lynchus melanotis* Gray)[6]. Cependant M.M. Bonnardot et Longnon, au glossaire de leur édition du « Saint voyage de Jerusalem du seig^r d'Anglure »[7], donnent : « *Carable,* fouine, « belette », sans doute par réminiscence de la γαλη des Grecs et de la *mustela* des Romains, petits

[5] De Mas-Latrie, *Hist. de l'île de Chypre,* t. II, p. 215.

[6] Il est possible toutefois que *qarah,* en devenant *carable,* ait subi l'influence de l'ancien terme de vénerie, « courable » (*lévrier courable* chez Eust. Deschamps, III, 198).

[7] *Société des anciens textes français,* vol. IX, Paris, 1878.

quadrupèdes, que les anciens toléraient dans leurs maisons pour détruire la vermine.

Quelques auteurs usent de ces transformations comme de licences poétiques. Tel est le cas, semble-t-il, de M. le prof. Italo Pizzi, qui a mis en vers italiens le *Chah nameh* (Livre des Rois) de Firdousi. Orientaliste et tout spécialement iraniste, M. Pizzi n'ignore certes pas que le mot persan *youz*, fréquemment employé dans ce poème, signifie « léopard de chasse, guépard » ; mais ayant réservé le mot *leopardo* pour traduire *peleng* (panthère) et dédaignant le néologisme *ghepardo*, il a fait des guépards de Firdousi, tantôt des *veltri*, tantôt des *cervieri*[8]. Cette dernière substitution est d'autant moins heureuse, que le poète persan ne mentionne aucun lynx dans le *Chah nameh*, si je m'en rapporte à la traduction française de cette épopée par le célèbre philologue Jules Mohl.

D'autre part les poètes aiment à se servir, comme remplissage, de noms archaïques, exotiques, etc., qui n'ont pour eux et pour leurs lecteurs aucune signification précise : le vampire, le phénix, le basilic, etc. Victor Hugo, entre autres, était coutumier du fait. On l'eût sans doute fort embarrassé, si on lui avait demandé à brûle-pourpoint ce qu'il entendait par *once* dans ces vers de sa poésie « La faim » :

---

[8] ITALO PIZZI, *Il libro dei re*, I, 103 ; 11, 163, etc.

Pendant que la nature en ses profondeurs fauves
Fait manger le chacal, l'once et le basilic,
L'homme expire !... Oh ! la faim ! C'est le crime public.

Mais si, en général, les lettrés font peu de cas de l'histoire naturelle, les naturalistes de leur côté ne tiennent guère compte des littératures, lorsqu'ils écrivent sur la vie et l'histoire des animaux. C'est ainsi que Brehm, Victor Carus et autres savants zoologues continuent à soutenir, comme le faisait Cuvier, que « le lynx des anciens est le caracal », sans réfléchir que ce lynx au pelage non tacheté, de la taille d'un renardeau, ne saurait être identifié ni avec les βαλιαι λυγκες d'Euripide (*Alc.*, 579}, ni avec les *lynces variæ* de Virgile (*Georg*. III, 264), ni avec les *lynces* attelées au char de Bacchus, selon la mythologie grecque et latine.

L'insouciance de l'exactitude en ce qui concerne les noms d'animaux a parfois de regrettables conséquences dans les reproductions modernes d'anciens textes très importants, car l'on y répète les plus grosses erreurs, sans que la critique prenne la peine de les relever. L'un des plus curieux exemples de ce fait est la métamorphose des *lonces* en *ours* dans la deuxième rédaction des « Voyages de Marco Polo », publiée par G. Pauthier et traduite en anglais par le colonel Yule.

L'on sait que le célèbre voyageur vénitien étant prisonnier des Génois fit, en 1299, le récit de ses pérégrinations en Orient à Rusticien de Pise, et que celui-ci l'écrivit en français ou plutôt en un jargon où quantité de mots ne sont que les décalques de vocables italiens[9]. Quelques années après, rentré à Venise, Marco Polo fut probablement averti des incorrections, qui pullulaient dans cette première narration, et comme il se proposait de l'offrir à Charles de Valois, frère du roi Philippe le Bel, il la fit rédiger à nouveau et en remit une copie, vers 1307, à Thibault de Chepoy, ambassadeur de France à Venise. Si l'on compare ce second texte avec le premier, il est facile de s'apercevoir que le remanieur (un Français certainement) n'a pas toujours compris le franco-italien de Rusticien, car il a remplacé constamment par *ours* le mot *lonces*, qui revenait souvent dans des phrases telles que « *lions e leopars e lonces ont il asez* » ; — *des lions e des lonces i a en grant habundance* » etc. Il faut croire que ce second rédacteur lisait *louce* pour *lonce* et qu'il prononçait

[9] Ce texte a été reproduit par Roux dans le *Recueil des voyages,* publié par la Société de géographie, t. IV. On y trouve par exemple : *amazer,* ammazzare; *vie,* via ; *jonger,* giungere; *bech,* becco (bouc); *dementiqué,* dimenticato; *coran,* corame; *conciés,* conciati; *escarse,* scarso (avare); *mezaina,* mezzana; *seque,* zecca; *cuble,* vénitien *cheba* (cage) ; *le feu s'astutas,* ven. *s'e stuà* (s'est éteint) ; etc. Ces derniers exemples, nous indiquent que Marco Polo avait dicté la relation de ses voyages en se servant de son parler natal.

ours, ourse, sans faire entendre l'*r* dans ces mots, ce qui est fort possible[10].

Ni lui, ni Rusticien ne connaissaient la forme française *once,* au sens de fauve. C'était du reste un nom assez rare de leur temps, du moins en Europe ; on ne le trouve que chez trois ou quatre poètes du XIIe et du XIII° siècles[11].

Brunetto Latini l'ignorait également et il s'est servi de l'italianisme *lonce* dans le « Tresor »[12] pour indiquer la panthère (le *pardus* d'Isidore de Séville).

---

[10] F. GENIN (*Variations du langage français,* p. 65) cite des vers du XIIIe siècle, où l'on a les rimes *ours — courous* (courroux). Cfr. Ch. Thurot (*Prononciation franc.,* vol. 11. p. 83) : *rebous* pour *rebours.*

[11] *Tristan* (vers 199-200) :

> *La biche et le chevreuil se treuvent sans danger*
> *Pres du cervier cruel et de l'once leger.*

Rutebeuf (LITTRE, *Dict.*) :

> *La chose gist sor tel endroit*
> *Que chascune beste voudroit*
> *Que venist l'once ...*

Roman de Renart (edit. Méon, t. Il, p. 112) :

Meu se sont por querre aïe
À ma dame once la haïe.

D'après ces deux derniers exemples, *l'once* apparaît comme une protectrice vengeresse.

[12] Chabaille a fait erreur dans son édition du « Trésor » (p. 248) en lisant *l'once* au lieu de *lonce.* En ancien français, le substantif représentant le second terme d'une comparaison ne prenait point l'article après « comme », et Brunetto

Plus tard la *lonza* de Dante a subi le même sort que les *lonces* de Rusticien dans ces vers de Marguerite de Navarre :

Soyez, Amie, un petit souvenante
Qu'en vous comptant de Beatrix et de Dante,
Je n'oubliay de vous dire que troys bestes
Mettoit au lieu des tyrants deshonnestes,
C'est assavoir l'ourse, lyonne et louve[13].

Très probablement la princesse avait écrit *loinse* (cfr. *oince* chez Rabelais, *Pantagruel,* III, 48) et son copiste a dû lire *lourse,* erreur facile à comprendre pour qui connaît l'écriture française de la première moitié du XVIe siècle.

Tout extraordinaire que puisse paraître cette transformation, il en est une autre plus étrange encore. M. P. Chistoni nous dit dans son étude sur « *La lonza dantesca* »[14] : « Nella Storia orientale di Jacobus de

---

Latini suit toujours cette règle dans le « Tresor » (p. 196, *comme bastars* ; p. 199, *comme columb* ; p. 225, *comme loups cerviers ; comme chamels,* etc.).

13 Abel Lefranc, *Les dernières poésies de Marguerite de Navarre,* pp. 181-182. En 1775, Buffon (*Hist. nat.* III, 213) reprochait à l'Académie des Sciences d'avoir laissé imprimer quatre fois *ours,* au lieu de *once,* dans les « Mémoires pour servir à l'histoire des animaux », là où il est question de l'*uncia* décrite par Caius, ami de C. Gesner.

14 *Miscellanea di studi critici edita in onore di A. Graf,* p. 319.

Vitriaco, il termine lonza è ampliato in *lonzanus*, e l'animale che ne è designato diversifica dai *pardus* : « Sunt ibi leones, pardi, ursi, dami, capri silvestres et aliud quoddam sævissimum quod appellatur *lonzani*, a cuius sævitia nullum animal potest esse tutum; et ut dicunt terret leonem ». Cette citation latine est prise de Du Cange, qui lui-même l'avait tirée du "*Thesaurus novus anecdotorum*" de Martène et Durand. Mais dans l'édition de Bongars (*Gesla Dei per Francos*, p. 1101), l'on a au même passage : "quoddam animal quod *lanzani* nuncupatur". Chez C. Gesner (*Hist. anim.*, I, 937), ladite bête s'appelle *lauzanum* (apparemment une faute d'impression pour *lanzanum*). Si l'on remonte plus haut vers la source, tout change. La Bibliothèque Nationale de Turin possède deux précieux manuscrits de l'"*Historia Hierosolymitana*" de Jacques de Vitry, dont l'un, du XIVe siècle, coté D, II, porte (*fol.* 45r°) : « animal quod *lanzia* nuncupatur », el l'autre, du XIIIe siècle (G, II, 34) *fol.* 122 v° : « quod *lunzam* nuncupant ». Dès lors nous tenons la clé de l'énigme : la terminaison *-ani* est une fausse lecture de *-am* ; et, à la première syllabe de *lanzia* et de lanzani, l'*a* s'explique par la forme de cette lettre dans certains manuscrits (copiés en Orient ?) comme celui de Turin (G, II, 34). où *lu*... et *la*... sont tracés presque identiquement.

Cette cruelle *lunza* épouvantant le lion est certainement l'hyène, qui passait jadis pour être la terreur de tous les animaux, même des grands fauves : « *Præcipue pantheris terrori esse traditur* » faisait observer Pline (*Nat. Hist.*, XXVIII, 27). Quant au nom de *lunza*, il me semble avoir été forgé sur l'italien *lonza*, donné comme nom vulgaire de l'hyène dans la « *Vita Sancti Raynerii* », écrit du XIIe siècle, dont Jacques de Vitry avait dû prendre connaissance lorsqu'il recueillait les éléments de son Histoire de Jérusalem. Fra Benincasa de Pise, auteur de cette légende, raconte que S. Raynerius se rendant au mont Thabor rencontra dans le désert : « *duas hyenas, quas vulgus vocat* lonzas, *leone velociores et audaciores, quæ quidem, ul aiunt, de leopardo et leœna sive de leone et leoparda generantur* », etc.[15]. Mais le bon frère pisan fait ici toute une confusion, qui doit résulter de la lecture de quelque bestiaire latin, où se trouvaient mêlées ensemble d'anciennes mentions du *leopardus*, de la *hyena* et de la *lynx*. Ce genre d'erreur est assez fréquent dans les compilations du moyen âge. Ainsi, au XIVe siècle, l'auteur des « Voyages de Mandeville » écrivait : « En Cypre l'on chasse avec papyons, qui semblent leopars privés »[16], ayant confondu les *leopardi* (guépards de

---

[15] Voy. Fr. CIPOLLA, *La lonza di Dante* (Atti del R. Istituto Veneto,t. VIII, ser. VII, p. 226).

[16] Modène, *Bibl. Estense*, ms. XL F. 17. Cfr. FR. GODEFROY, *Dict. de l'anc. langue franç.*, au mot « Papion ».

chasse) avec les *papiones* (singes cynocéphales), dont les descriptions se suivent chez Jacques de Vitry.

Dans le « Bestiaire » de Philippe de Thaon, contemporain de Fra Benincasa, nous lisons :

Hyena est griu num
Que nus beste appelum ;
Ceo est lu cervere,
Oler fait, mult est fere.

Le « *lu cervere* » qui « *oler fait* » ne peut être que la panthère, car c'est à cet animal seul, que l'on attribuait jadis la propriété d'exhaler une bonne odeur pour attirer les autres bêtes, ainsi que l'avait déjà noté Aristote (*Anim.*, IV, 8).

D'ailleurs nous avons dans le « Bestiaire divin » de Guillaume le Clerc de Normandie :

La beste qui a non pantiere
En dreit romanz love cerviere.

La synonymie erronée de « panthère » et « loup cervier » se comprend aisément, si l'on considère que, dans les écoles du moyen âge, la *lynx* des poètes latins était généralement interprétée par *panthera* ou *pardus,* tandis que l'on attribuait le sens de *lupus cervarius* au *lynx* d'Isidore de Séville. Mais il est moins facile d'expliquer la transformation littéraire de la panthère en hyène. Pour moi, je suis porté à penser qu'elle doit son origine au mélange des descriptions du *leopardus*, de la *hyena* et de la *linx* (panthère), fait, au XIe ou au XIIe siècle, dans quelque remaniement du « *Physiologus* ». Ce qui me confirme dans cette opinion, c'est surtout la composition de deux bestiaires italiens dérivant en grande partie d'une même source latine, très probablement celle où l'auteur de la « *Vita S. Raynerii* » avait puisé ses notions sur les hyènes. L'un de ces bestiaires constitue presque tout le 3e livre de *l'Acerba* de Cecco d'Ascoli ; l'autre nous est resté dans un manuscrit du XIVe siècle, conservé à la Bibliothèque Nationale de Paris (*ms. it*, 450)[17]. Cecco d'Ascoli commence le chapitre « *De la natura del leopardo* » par ces deux vers :

De leonessa leopardo nasce,
Et lo lion giace con la leoparda[18].

Puis, après avoir dit, comme Vincent de Beauvais (*Speculum majus*, 1, 76), que le léopard éprouve un grand dépit, quand il n'a pas atteint sa proie au quatrième saut, le poète ajoute :

---

[17] M. KENNETH MCKENSIE (*Unpublished mss. of italian Bestiaries*, p. 387) a promis de donner bientôt une édition de ce bestiaire.

[18] Nous avons dans ce vers l'erreur de *leoparda* pour *parda*, comme chez Fra Benincasa.

Inganna lo lion in soa caverna
Qual a doe bocche e in mezo streta.
Così natura vol che qui discerna.
Vedendo lo lion, prende a fugire
Et lo lion lo consegue con gran freta.
Come tu sai gli convien morire.

L'auteur du « *Bestiario* » de Paris s'exprime plus clairement :(fol. 33[19]) « *lo suo ingengno vince e confunde lo leone in cotale maniera che fugendo li dinanzi per la sua legerezza, sochifando la sua potentia, alla quale non potrebbe resistere, conducendolo a la sua thana, la quale ingengnosamente è facta con due bocche tanto strecte iscarsamente, quant ello tanto solamente possa esciere. Fugendo, per quella tana entro passa, pero che puo; lo leone si li adirizza diriecto credendo passare e prenderlo, e non puo per la strectezza del luogo, ne girare ne volcere non puo. Allora lu leopardo, lo quale [e] eschietto per altra boccha, torna dalla parte dirieto del leone, e cussi ingannandolo lo conquide a morte* ».

Nous avons ici un premier exemple des mélanges en question. Se creuser une tanière n'est point le fait d'un félin, mais bien de l'hyène, et tout ce qu'on vient de lire devrait se trouver sous la rubrique « *De la natura de la hiena* », au chapitre qui suit celui du léopard dans

[19] Nous avons dans ce vers l'erreur de *leoparda* pour *parda*, comme chez Fra Benincasa.

l'*Acerba*. Là, Cecco d'Ascoli répète d'une manière très concise les fables connues sur l'hyène : Elle déterre les morts, contrefait la voix humaine, change de sexe, s'attaque au chien, terrifie tous les animaux et (autre erreur comme ci-dessus) :

Giace con lionessa questa fera
Et di costor nasce animal feroce[20]*,*
Che chi lo vede de vita despera.

Ces trois vers devraient appartenir au chapitre suivant « *De da natura de la pantera* », où la mention de l'accouplement de la panthère mâle avec la lionne fait défaut.

Dans le « Bestiario » (ms. it. 450) de Paris, après le chapitre du « *leopardo* », l'on a sous la rubrique « *De la natura e de la figura e della proprietà della loncia* » (*fol*. 33 v.) une fusion curieuse des traits caractéristiques du guépard avec ceux de la panthère : « *Loncia à animale molto crudele et fiera et nasce del conjungimento carnale de leone con lonza, o vero del leopardo con leonissa, e cussi nasce lo leopardo. La lonza sempre sta in calura d'amore e in desiderio carnale, launde sua ferezza e molto grandissima. Et naturalmente lo leopardo e la lonza, quando ammontano*

[20] Je cite ce vers d'après l'édition de l'*Acerba* (Venise, 1487) ; mais il est à noter comme singulière erreur, la leçon

E nasce di castore animal feroce

du ms. 14 432, conservé à Turin, à la Bibliothèque du Roi.

l'altre bestie, se al lerzo o vero al quarto salto non prendeno, per grande dispecto et disdegno piu la preda non seguisceno, ma lassano andare, et lui remane per corruccio patendo et sufferendo grande fame, de fine tanto che venne loro facto de prendere la preda infine al terzo o al quarto salto, etc. ».

On pourrait multiplier ces exemples de confusions, mais ce que j'ai dit jusqu'ici suffit, je crois, pour montrer combien il est facile de se laisser égarer par la faune littéraire. Or c'est malheureusement ce qui est arrivé à la plupart de ceux qui ont cherché à déterminer l'étymologie et le sens exact du mot *lonza* employé par l'Alighieri dans la « Divine Comédie ». On le voit bientôt en passant en revue les discussions, qui se sont élevées à ce sujet dans ces dernières années. La manière dont il y est parlé des lynx, des léopards et des panthères, prouve que les critiques ont généralement négligé de tenir compte de l'histoire de ces animaux et de celle de leurs noms. Aussi en est-il résulté un certain nombre d'erreurs et d'incertitudes, que je voudrais tâcher de faire disparaître en reprenant le problème de la « *lonza dantesca* », relativement aux questions de philologie et de zoologie qu'il comporte.

Parmi les différentes hypothèses émises sur l'origine de *lonza,* nous écarterons tout d'abord celle qui fait venir ce mot du persan *al-youz* (le guépard), car elle est insoutenable tant au point de vue de la linguistique qu'à celui de l'histoire. Elle procède de l'étymologie de Quatremère, qui avait écrit à propos de *youz* : « C'est de là que les Portugais ont formé le mot *onça*, que nous avons adopté en le francisant »[21]. Mais cette assertion est tout à fait gratuite, vu qu'il n'a été relevé jusqu'ici, autant que je sache, aucun exemple de *onça* dans les écrits portugais du moyen âge. D'autre part on ne voit pas comment, à cette époque, les Portugais auraient été en relation avec les Persans.

La dérivation de λεοντιος ou de λεοντεια, ou bien encore d'un nom latin suppose *leonicia* est également inadmissible. S'il en avait été ainsi, le radical *leon-*, connu partout, n'aurait pas disparu en italien pour faire place à *lon-*, qui n'offrait aucun sens ; et dans le français, on n'eût certes pas transformé la première syllabe de ce radical en article. Du reste les plus anciennes formes en italien, en latin, en allemand et en français sont, au XIIe et au XIIe siècle :

lonza — Vita Sancti Raynerii (Du Cange).
lonze — Pallamidesse (E. Monaci, *Crest. it.*, p. 251).
lonça — Rime (T. Casini, *Propuynatore,* XV, 339).
lunza — J. de Vitry, *Hist. Hier.* (ms. de Turin, G, II, 34).
lunze — Konrad von Würtzburg (Diez, *Etym.* W.).
lonce — Brunetto Latini (*Tresor*), Rusticiano (*M. Polo*).
once — Poème de Tristan ; Rom. de Renart : Rutebeuf.

[21] E. QUATREMERE, *Histoire des Mongols de la Perse,* t. I, p. 162.

On a parlé aussi d'une forme masculine, *lonzo*, en italien, mais sans en citer d'exemple[22].

Les clercs des colonies franques rendaient *once* par *uncia* dans leur latin, et l'usage de ce nouveau nom d'animal se propagea sur le littoral méditerranéen. Un mandement de l'empereur Frédéric II, en date du 21 février 1240, ordonnant de payer les gages dus aux gardiens de l'once et des hyènes, qui étaient à Melfi, porte « *custotibus unche* (l. *unciæ*) *et tabaccorum* »[23].

Plus tard, en 1269, l'*uncia* et les *tabacci* réapparaissent en compagnie des *leopardi* dans un mandement de Charles Ier d'Anjou, relatif à la nourriture des animaux de sa ménagerie[24]. Au mois de janvier de l'an 1300, le notaire génois Lamberto de Sambuceto, dressant l'inventaire des biens laissés par Salveto Pessagno, mort à Famagouste, spécifiait une fourrure d'once par « *penna de uncia* »[25]. Dans la première

---

22 Voy. R. THAYER HOLBROOK, *Dante and the Animal Kingdom*, p. 99.

23 Regestum Imperatoris Frederici, p. 350 (Naples, 1786). — L'arabe *dabah* (hyène) fut transformé en *tabaccus* dans le latin des chancelleries de Sicile. Quant à la graphie *unche* pour *unciæ*, je pense qu'elle est due à la prononciation normande du scribe, qui disait sans doute *onche* au lieu de *once*.

24 CAMILLO MINIERI RICCIO, *Alcuni fatti riguardanti Carlo I di Angiò*, p. 72. Naples, 1874.

25 Voir, à ce sujet l'article de M. DESIMONI, publié dans la « Revue de l'Orient latin », t. I, 1893, pp. 218 et 231.

moitié du XIIIe siècle, J. de Vitry (*Hist. hieros.*) mentionnant les animaux de la Terre promise et des autres parties de l'Orient (*animalia quæ in aliis mundi partibus non habentur*), écrivait, probablement d'après les données de quelque chasseur syrien : « Sunt et unciæ sævissima animalia, non sunt canibus altiora, longiora tamen corpora habentia, canibus valde inimica. Prædam non comedunt nisi in altum eam, portent, quum inveniunt arborem ad supremum ramum defferunt et pendendo eam comedunt. Ex nigris et albis maculis respersum corpus habent ». Le sens de « panthères » pour « *uncia* » est clairement défini par cette description si caractéristique, car nous savons, d'après les récits des explorateurs et des chasseurs, que ces félins se tiennent souvent sur les branches des arbres pour y dévorer leur proie. Il ne peut être question ici des guépards, vu que ces fauves se trouvent dans l'impossibilité de grimper, leurs griffes, à peine rétractiles, étant émoussées par la marche, comme celles des chiens. D'ailleurs, notre détermination est confirmée par un autre fait très important. J. de Vitry a ajouté à sa description des « *unciæ* » la légende suivante : « *Quando (unciæ) sunt in calore coitus et aliquem vulnaverint, mures ad ipsum conveniunt et mingunt super eum si possunt et statim moritur* ». Or cette fable absurde a été reproduite dans « La grande histoire des animaux » du poète arabe El Demiri (XIVe siècle), et le fauve correspondant à l'*uncia,* y est appelé *nimr,* nom de la panthère dans tous les textes arabes, où il est parlé de ce félin.

C'est sans doute à l'influence du bas-latin *uncia,* que sont dues les désinences des formes italiennes *loncia, lonzia,* etc., employées au XIVe et au XVe siècle, en même temps que *lonza.* Pour ce qui est des autres variantes de ce nom, voici comment je m'explique leur origine. À partir de la seconde moitié du XIIIe siècle, la rapide extension que prit le commerce des Vénitiens, des Génois et des Pisans, en Asie Mineure et sur les côtes d'Afrique, eut, entre autres conséquences, celle d'une plus fréquente importation d'animaux orientaux en Italie. L'occasion de voir les panthères, exhibées sous le nom de *lonze,* se présenta souvent, et le peuple observant qu'elles avaient un air de famille avec les lions, les lionnes et les léopards, fut amené à les appeler *lonze, leonzie, lionze,* etc. Mais ces altérations sont extrêmement rares dans les écrits antérieurs au XIVe siècle. Jusqu'ici on n'a relevé que celle de *leonza* dans un vers de Rustico di Filippo[26], et celle de *leuncia* dans un texte latin[27] de la fin du XIIIe siècle.

---

[26] FR. TORRACA (*Bull. della Soc. dantesca,* N. S., p. 132) fait observer que le poète écrit ailleurs *lonza,* et que la variante *leonza* est peut-être due aux exigences de la versification.

[27] A. GHERARDI, *Le Consulte della Repubblica fiorentina,* t. II, p. 257.

Cette sorte de classification des grands félins, basée sur le « type lion », s'étendit au tigre dans les narrations des premiers voyageurs, qui ont décrit cet animal *de visu*. Ainsi pour Marco Polo c'est « un lyon grandisme, tout vergé par long, noir et vermoil et blanche »[28] ; pour Josaphat Barbaro : « *una leonza simile ad una leonessa, ma ha il pelo vermiglio, verghato tutto di verghe nere per traverso, ha la faccia rossa con tacche bianche* »[29]. Pendant tout le moyen âge, ce grand fauve est resté inconnu en Occident[30], et les lettrés d'alors se sont toujours figuré que c'était un animal au pelage moucheté comme celui de la panthère. Aussi y a-t-il lieu de s'étonner qu'aucun des anciens commentateurs de la « Divine Comédie » n'ait eu l'idée d'interpréter par « tigre » la *lonza*

che di pel maculato era coperta,

puisque le maître de Dante avait écrit dans le « Trésor » (p. 251) : « Tigres… est une beste qui est menuement tachiee de noires taches ».

Mais revenons à nos étymologies.

---

28 *Voyage de Marc Pol* (édit. Roux), p. 100.

29 JOSAPHAT BARBARO, *Viaggi fatti da Vinetia alla Tana, in Persia*... p. 31.

30 On revit le tigre, en 1478, à la cour de Savoie, puis à celle de Ferrare (cfr. L. MENABREA, *Chronique de Jolande de France*, p. 197 ; GUASPARO SARDI, *Historie ferraresi*, p. 329).

Bien avant Chevallet, cité par Littré, divers érudits avaient reconnu que le mot français *once* était une corruption de *lonce*, et ils le faisaient venir, qui du latin, qui du grec. Ainsi sans parler de Rabelais, qui a employé *oince* au sens de lynx (loup cervier), je note cette observation faite, en 1560, par le naturaliste suisse Conrad Gesner (*Icones animalium*, p. 68) : « Panthera pardalisve minor videtur, quæ a recentioribus *uncia* vocatur; quamvis improprie, ut conjicio; videtur enim *unciæ* nomen a *lynce* corruptum ». Cent ans après, Samuel Bochart écrivait d'une manière plus explicite dans son *Hierozoicon* (I, 799) : « Lynx gallice *once* dicitur, L exciso ex nomine λυκος ac si sit L articolare, ut in *azur* pro lapide cyaneo ex Persico *lazurd* ».

Quant à l'origine de *lonza*, c'est seulement vers le milieu du siècle dernier que les philologues ont commencé à s'en occuper ; jusque-là on s'était borné à rechercher le sens allégorique de ce mot dans le poème de Dante. Les premiers romanistes comprirent tous, que les vocables *lonza, once, uncia* etc., provenaient d'une seule et même source, mais aucun d'eux n'est arrivé à la déterminer. Fr. Diez (*Etym. Woertb.*) retenait comme plausibles quatre étymologies très différentes, basées sur *lynx, lyncea*, λυγξ et λεοντιος. Littré (Dict. *once*) préférait la dérivation du persan *youz* à celle de *lyncem*, alléguant que dans l'italien *lonza*, l'*l* s'est plutôt agglutiné par l'article, qu'elle ne s'est perdue dans le français *once* et dans l'espagnol *onza*. Le savant lexicographe n'avait pensé ni à *azur* (b. lat. *lazurius*), ni à *aubour* (*laburnum*), ni à *anspessade* (ital. *lanciaspezzata*), ni à *angouste* (pour *langouste* au XVIIe siècle, etc.)[31]. De nos jours l'opinion la plus accréditée est qu'il a dû exister, à côté du classique *lynx*, une forme populaire *lyncea*, qui se serait prononcée de bonne heure *lùncia*[32], d'où l'italien *lonza*, le français *once* etc.

Ces dernières hypothèses sont fort séduisantes, mais celles pèchent par la base. En les émettant, on n'a pas pris garde que dans la latinité, *lynx* est un mot purement littéraire, employé seulement par les imitateurs et les traducteurs des auteurs grecs ; un mot qui n'a jamais dû entrer dans le latin parlé. D'ailleurs qu'auraient bien pu signifier *lynx* et ses dérivés supposés *lyncea, luncia* pour le vulgaire ? Personne, je crois, ne se l'est demandé. La question valait cependant la peine d'être posée. Pour qu'un nom populaire persiste dans une langue pendant des siècles, il faut qu'il s'applique à un être, que l'on voit souvent, dont on ait communément l'occasion de parler. Or il n'en fut certes pas ainsi des diverses espèces de félins que nous pouvons reconnaître sous le nom de *lynx* chez

---

[31] Ch. Thurot, *De la prononciation française*, t. II, p. 267.

[32] Hatzfeld, Darmesteter et Thomas, *Dict. gén. de la langue française* (v. Once).

les classiques latins. Le petit lynx caracal n'était pas assez intéressant pour être importé d'Asie ou d'Afrique et offert à la curiosité publique. Les lynx vulgaires étaient à peu près inconnus en Italie, puisque, selon Pline (*Nat. Hist.*, VIII, 22), Pompée en fit venir de la Gaule pour les montrer au peuple romain, dans le cirque. Pourtant il y en avait dans les Alpes, et c'est là, apparemment, qu'on leur avait donné le nom de *lupi cervarii* rapporté par Pline. Nous retrouvons cette appellation chez Solin, puis, en Gaule, au Ve siècle, dans le « *Laterculus* » de Polemius Silvius[33], auteur, qui parait avoir vécu aux environs du Léman et qui connaissait bien le lynx vulgaire, car il en donne, outre le nom latin, aussi le nom germanique *lus* (a. all. *luhs* ; all. m. *luchs*). Enfin cette dénomination *lupus cervarius* a passé avec quelques altérations phoniques, dans presque toutes les langues néolatines (it. *lupo cerviere* ; esp. *lobo cerval* ; a. fr. *leu cervere,* etc.). Il est donc tout à fait invraisemblable que l'animal, ainsi appelé en latin durant plus de dix siècles, ait porté en même temps un autre nom

[33] Selon M. BESSON (*Les origines des évêchés de Genève, Lausanne,* Sion, pp. 9 et 32), cet auteur serait Salvius, évêque d'*Octodurus* (Martigny en Valais) dans la 1ère moitié du Ve siècle. M. ANT. THOMAS (Romania, XXXV, 16) ne le croit pas. Quoi qu'il ne soit, Polemius Silvius a dû habiter la Suisse ou la Savoie, car parmi ses *nomina natantium,* il mentionne le *levaricinus,* qui est certainement le « lavaret » des lacs de Genève et du Bourget.

populaire *luncia*, dont on ne trouve pas la moindre trace. Quant aux panthères et aux guépards, le peuple les vit fréquemment, il est vrai, dans les cirques, depuis les derniers temps de la République jusqu'à la chute de l'Empire, mais ils y apparaissaient toujours sous le nom de *pardi* ou de *pantheræ* ; les poètes étaient seuls à les appeler *lynces*. Pendant la longue période de barbarie, qui suivit, ces fauves ne furent importés que bien rarement en Occident, et par conséquent leur nom hypothétique *luncia* serait tombé en désuétude bientôt après les premières invasions des Germains. Si jamais ce nom avait été en usage dans les colonies romaines d'Asie et d'Afrique, il s'y serait maintenu un peu plus longtemps, mais il aurait disparu au VIIe siècle, lorsque les conquêtes des Arabes étouffèrent les parlers latins d'Orient, avant qu'ils eussent pu se développer en langues romanes.

Pour moi, j'ai la conviction que le mot *lonza* ne vient pas du latin, mais qu'il a été formé, au temps des premières croisades, directement sur λυγξ, prononcé *lùnx* (*ù* = *ou* franç.) dans le grec corrompu, qui se parlait alors en Orient.

Cette hypothèse nécessite toutefois quelques éclaircissements touchant la prononciation de l'upsilon et les variations de sens du mot λυγξà travers les âges. À l'origine de la langue grecque, l'upsilon avait, croit-on, le son de *ù*, qui se retrouve dans un certain nombre de mots latins apparentés à des vocables grecs par leurs racines, comme *lupus,* λυκος; *buxus,* πυξος; *cyclus,* κυκλος etc et les formes archaïques *lacruma,* δακρυμα; *murta,* μυρτος; *cupressus,* κυπαρισσος etc. Puis ce son aurait été modifié peu à peu jusqu'à devenir une voyelle oscillant de ü à i, que les écrivains latins de l'époque classique notaient d'ordinaire par la lettre Y dans leurs nombreux emprunts au vocabulaire grec (lyra, λυρα; pyxis, πυξις; cyclus, κυκλος etc.). C'était, chez les anciens Hellènes, la prononciation des orateurs, des poètes et en général des gens instruits. Mais le son primitif *ù* de l'upsilon n'avait pas entièrement disparu ; il s'était conservé en maint endroit dans le langage vulgaire, et il persista dans le bas-grec du moyen âge. Nous avons la preuve de ces faits, d'abord par la graphie exceptionnelle de quelques mots latins calqués sur des termes grecs, qu'employaient les herboristes, les pêcheurs, les artisans, etc., tels que cuminum, κυμινον; ruta, ρυτη; fucus, φυκος; *thunnum,* θυννον; *muræna,* μυραινα; *cubus,* κυβος; *tumba,* τυμβος etc. ; ensuite par certains mots des langues romanes venus du grec, soit directement, soit en passant par le latin populaire ; p. ex. l'espagnol *tufo,* τυφος; le roumain *trufie,* τρυφη; l'italien *borsa,* βυρσα; *mostaccio,* μυσταξ; angora (chèvre, chat) de Ανκυρα, Ancyre, nom de la capitale de l'Anatolie, proféré même de nos jours *ancora* par les Levantins. Il est donc naturel de penser, d'après ces derniers exemples surtout, que l'italien *lonza*, le fr. *lonce* et l'all. *lunze* sont simplement des altérations de λυγξ, prononcé *lùnx* par les marchands de l'Asie Mineure, qui faisaient le commerce de fourrures et de fauves vivants.

La question des divers sens de λυγξ n'est pas moins complexe. De même que λυκος (loup) et les noms du lynx dans les langues germaniques (anglo-saxon *lox* ; all. *luchs* ; suédois *lo* etc.), le terme λυγξ dérive apparemment d'une racine indo-européenne *luk*—, exprimant, non l'idée de vision, mais de fureur, de cruauté. Les anciens Grecs s'en sont servis d'abord pour désigner le lynx d'Europe, qui existe encore dans le nord de la Grèce. C'est peut-être au regard fixe, étincelant, de cet animal qu'est due la légende du lynx « qui voit à travers les murailles » ; toutefois il est à remarquer que chez quelques auteurs, cette propriété fabuleuse est attribuée, non aux lynx, mais aux panthères. L'identification du lynx d'Europe est plus sûre dans la légende du λυγκυριον, c'est-à-dire de l'ambre jaune, regardé jadis comme une pierre précieuse résultant de la congélation de l'urine des lynx. En effet, vu que cette substance se recueillait, autrefois, exclusivement sur les rives de la mer Baltique, soit à fleur de terre, soit enfouie dans le sable, il me paraît évident que ladite légende a été créée par les premiers chercheurs d'ambre méridionaux, qui se sont aventurés dans cette lointaine région, infestée par les grands lynx du Nord et désolée par des froids extrêmement rigoureux. Plus tard on s'imagina que le λυγκυριον était produit par des lynx d'Orient, mais l'idée, que l'ambre se formait par congélation, persista, comme on le voit par ces vers d'Ovide (*Met.* XV, 413-15) :

Victa racemifero lyncas dedit India Baccho,
E quibus, ut memorant, quicquid vesica remisit
Vertitur in lapides et congelat aëre tacto[34].

Dans leurs colonies d'Asie, les Grecs appelaient également λυγξ le caracal. On vient de découvrir à Marissa, en Palestine, de très curieuses peintures sépulcrales du IIe siècle (*av.* J. C.), qui le prouvent d'une manière incontestable. En effet, l'une d'elles représente un lion et, derrière lui, avec l'inscription λυγξ, un petit quadrupède, dont les oreilles sont terminées par de longs poils[35]. C'est une illustration de la légende, encore vivante en Orient, du caracal qui suit le lion pour se repaître de ses restes. De plus, c'est un document important pour l'histoire de la zoologie,

[34] Cfr. Pline (*N. H.*, VIII, 38) : *Lyncum humor ita redditur ubi gignuntur, glaciatur arescitve in gemmas carbunculis similes et igneo colore fulgentes, lyncurium vocatas, atque ob id succino a plerisque ita generari prodito.*

[35] Voir le dernier volume publié par le « *Committee of the Palestine exploration fund* ». London, 1906.

car il n'est parvenu jusqu'à nous aucun texte grec, antérieur à l'ère chrétienne, où cette espèce soit nettement caractérisée. Il faut arriver au IIe siècle (*ap.* J. C.) pour reconnaître le caracal dans le poème sur la « Chasse » d'Oppien (III, 94), là où il est question d'un petit lynx au pelage rougeâtre (ρινοσ ερευθης), qui poursuit les lièvres.

Aux premiers temps du culte de Dionysios, en Asie Mineure, on faisait sans doute figurer des panthères et des guépards apprivoisés dans les fêtes en l'honneur de ce dieu, qui, dit-on, aimait à s'entourer de fauves, comme Siva l'Indien ; et ce doit être alors que les colons grecs appliquèrent le nom de λυγκες à ces grands félins, dont le pelage tacheté leur rappelait celui du lynx d'Europe. Cette vieille dénomination se conserva longtemps dans la poésie et dans le grec populaire d'Orient, tandis que dans la prose, on lui substituait les termes παρδος, παρδαλις, παρδαλος, etc., qui semblent provenir d'un radical *bars* ou *pars*, étranger à la langue grecque. Le synonyme πανθηρ, apparemment d'origine indienne[36], se rencontre déjà, il est vrai, chez Aristote, mais il ne commença à être d'un usage courant que vers le premier siècle de l'ère chrétienne. Ces différents noms, ainsi que leurs

---

[36] Cependant les indianistes ne sont pas d'accord sur cette étymologie. Les uns rapprochent πανθηρ du sanscrit *pundarīka* (léopard), les autres de *pāndaras* (blanc-jaune).

correspondants en latin, ayant été employés pour désigner tantôt la panthère, tantôt le guépard, la détermination de l'une ou de l'autre espèce est très difficile à faire d'après les anciens textes classiques, d'autant plus que certains auteurs distinguaient deux variétés de panthères, probablement d'après leur taille ou leur sexe. Pour Aristote, la panthère, qui exhalait une bonne odeur était la παρδαλις, et celle qui suivait Bacchus, le παρδος; mais il appelait παρδιον un fauve à crinière, qui est certainement le guépard d'Asie (*Cynailurus jubatus* W.). En effet ce guépard se distingue de ses congénères d'Afrique par un rudiment de crinière, qui le fit regarder jadis comme une sorte de lion, né du croisement de la panthère mâle avec la lionne, et qui lui valut le nom de *leopardus* chez les Latins[37].

Le poète syrien Oppien, qui semble avoir appris à connaître la faune de son pays, par ses propres observations, décrit deux sortes de panthères (πορδαλιες), en notant que ces fauves passaient pour avoir été les nourrices de Bacchus ; puis il mentionne, outre le caracal, un λυγξ de grande taille, qui chasse les gazelles

---

[37] Les guépards d'Asie paraissent avoir été peu connus des Romains avant le IIIe siècle de notre ère, époque des expéditions de Gordien le Jeune contre les Perses. C'est alors probablement que fut formé le nom composé *leopardus*, employé, au IVe siècle, d'abord par Julius Capitolinus, puis par Lampridius, Vopiscus et autres.

aux cornes acuminées (οξυκερατοι ορυγες). Il ne s'agit certainement pas ici du loup cervier, puisque ce lynx n'habite en Asie que les régions froides de la Sibérie, de la Mandchourie, etc. Le grand λυγξ d'Oppien ne pouvait être que le guépard. Mais chez les Byzantins, ce félin semble avoir toujours porté le nom de παρδαλις ou παρδαλος. Ainsi dans un petit traité populaire, intitulé « *De monstris el belluis* », qui est la traduction d'un opuscule grec (aujourd'hui perdu), composé vers le milieu du sixième siècle (*ap*. J. C.), on lit au chap. VI : « *Indorum rex, quodam lempore, quia ibi maxime nascuntur, ad regem Romæ, Anastasium, duos pardulos misit in camello et elephante* »[38]. Le diminutif *pardulos*, employé ici par le traducteur, résulte évidemment d'une fausse interprétation de παρδαλους[39], qui devait se trouver dans le texte original. Quant aux animaux ainsi nommés, il n'est point douteux que ce fussent des guépards, car l'usage de mener ces félins à la chasse, sur des éléphants ou sur des chameaux, s'est conservé chez certains peuples de l'Asie, jusque dans les temps modernes. Selon Berger de Xivrey, l'empereur de Constantinople (νεα Ρωμη),

[38]J. Berger de Xivrey, *Traditions tératologiques*, p. 233.

[39] Un écrivain byzantin du XIIe siécle, C. Pantechnès métropolitain de Philippopoli, en Thrace, nous apprend que, de son temps, on appelait le guépard de chasse παρδαλις et les léopardiers παρδαλαγωγοι (E. Miller, *Annales de l'assoc. pour les études grecques*, VI, 28).

ici mentionné, serait Anastase le Silentiaire, qui mourut en 518.

Par une curieuse coïncidence, non fortuite peut-être, c'est à cette même époque, que l'on rencontre le premier document indiscutable touchant la chasse avec les guépards, dans une épigramme latine de Luxorius[40], poète, qui vivait à Carthage, sous le règne du roi vandale Thrasamond (496-523). Cette petite pièce est particulièrement intéressante pour nous à cause du rapprochement, qui y est fait, des guépards et des « *lynces* » mythologiques :

Cessit Lyæi sacra fama nominis
Lynces ab oris qui subegit Indicis :
Curru paventes duxit ille bestias,
Mero gravatas agminari nescias
Et quas domarent vincla cœtu garrulo.
Sed mira nostri forma constat sæculi
Pardos feroces, sæviores tigribus
Qui prædam sagaci nare mites quærere
Canum inter agmen et famem doctos pati
Quidquid capessunt ore ferre bajulo[41].

---

[40] P. BURMANUS, *Anthologia vet. lat. epigrammatum*, LXIX.

[41] L. QUICHERAT (*Thesaurus poeticus ling. lat.*) a fait erreur en citant ce vers pour donner un exemple de *bajulus*, adjectif. Luxorius emploie ce mot pour désigner le léopardier, c'est-à-dire l'homme qui tenait le guépard en laisse, ou bien l'avait en croupe sur son cheval, à la chasse.

Si *pardos* au lieu de *leopardos* n'est pas ici une licence poétique, amenée par les exigences de la versification, il faut croire que pour Luxorius ces deux noms étaient encore synonymes.

C'est ainsi qu'un siècle auparavant, l'historien Ælius Lampridius les avait employés dans une même phrase en racontant un des cruels divertissements d'Héliogabale[42]. Au VIIe siècle, nous trouvons une distinction bien établie entre le *leopardus* et le *pardus* dans les « Origines » d'Isidore de Séville ; mais il n'y est pas fait mention de la chasse avec le premier de ces félins. L'auteur s'est contenté de parler de la ressemblance du guépard avec le lion, en ajoutant l'étymologie : « Leopardus ex adulterio leœnæ et pardi dicitur ». Ce nom semble avoir été populaire de bonne heure chez les chrétiens, à Rome, car parmi les inscriptions latines provenant des catacombes de S. Calixte, on a l'épitaphe d'un enfant de sept ans, appelé *Leopardus*[43].

Les auteurs classiques latins ne donnent aucune indication, qui nous mette à même de préciser ce qu'étaient pour eux les *lynces* du cortège de Bacchus ; mais d'après l'épigramme de Luxorius, on peut supposer avec assez de vraisemblance, qu'ils entendaient

---

42 Cfr. SALMASIUS, *Historiæ Augustæ scriptores*, p. 109.

43 Voir, sur cette inscription, le savant mémoire de Raoul-Rochette (Acad. des Inscriptions et Belles-Lettres, XIII, 181).

par-là les panthères. Ces animaux sont parfaitement reconnaissables sur divers bas-reliefs et camées, qui nous sont restés de l'antiquité, tandis qu'on ne rencontre jamais, dans les œuvres artistiques de ce genre, les guépards avec leurs hautes jambes et leur longue queue, traits caractéristiques, qui sont si bien marqués dans les sculptures pharaoniques de la Haute-Égypte, où ces félins apparaissent à divers endroits, le cou orné de riches Colliers, et tenus en laisse par des nègres[44].

Au moyen âge, le nom de *lynx* ne fut jamais appliqué au guépard, mais on le trouve employé au sens de « panthère » dans quelques écrits latins du temps des croisades. C'est ainsi qu'il faut interpréter les *linces* dans la *Visio de gloria paradisi* de Joachim de Flore. Ce fameux abbé calabrais, mentionné dans la « Divine Comédie » (Par. XII, 140)[45], savait le grec et avait beaucoup voyagé en Orient, dit Regiselmo, l'un de ses commentateurs[46] ; il a pu connaître les panthères, en Syrie, sous les noms de λυγκες et de *lonze*.

---

[44] Cfr. JOH. DUEMICHEN, *Hist. Inscr. Altaegyptischen Denkmaeler,* taf., XVIII, LX, etc.

[45] « Dante lui donne un brevet formel de prophète » selon l'expression de E. RENAN (*Joachim de Flore,* dans la *Revue des deux mondes,* 1866, IV, 96).

[46] *Vaticinia sive Prophetiæ abbatis Ioachimi,* chap. XV, Venetiis, 1589.

Un autre exemple nous est fourni, au XIIe siècle, par un moine français, Raoul Tortaire, qui maniait assez élégamment la langue de Virgile. Dans la 9e de ses « *Epislolæ ad diversos* »[47], cet auteur raconte un voyage qu'il fit à Caen, vers 1110, lorsque le roi d'Angleterre, Henri Ier, surnommé Beauclerc, offrait aux habitants de cette ville le spectacle d'une ménagerie d'animaux orientaux, comprenant un lion de six mois, un guépard à cheval, une panthère, un chameau, une autruche, etc. En décrivant ces bêtes, le poète ne manque pas d'ajouter ce qu'il a appris sur elles par ses lectures. Il parle d'abord du lionceau et du guépard, puis il continue en ces termes :

Concursu celeri properabat tota videre
Ore trucem lyncem corpore plebs agilem,
Cujus projecto deludit acumina vitro
Venator, raptis aufugiens catulis.
....
Curriculo Bacchi lynces potuere jugari.

L'*agilis lynx* de Tortaire est évidemment le même fauve que le *pardus levis* de la Bible (Habacus, I, 8), que l'*once leger* du poème de Tristan (*v.* 200) et que la « *lonza leggiera e presta* » de l'Alighieri ; c'est-à-dire la panthère, dont les mouvements souples et rapides

[47] Eugene de Certain, *Raoul Tortaire* (*Bibl. de l'École des chartes,* t. 1, 4e série, pp. 489-521).

font l'admiration de tous ceux qui voient ce gracieux félin en captivité. Pour supposer qu'il s'agisse ici du lynx vulgaire ou loup cervier, il faudrait n'avoir jamais vu ce vilain animal, presque toujours accroupi au fond de sa cage dans nos jardins zoologiques. La confusion entre ces deux bêtes si différentes n'était faite au moyen âge que par des compilateurs qui les nommaient sans les connaître et sans savoir distinguer la *lynx* des poètes classiques du *lynx* d'Isidore de Séville.

C'est ainsi que Ciampolo degli Ugurgieri, l'un des premiers traducteurs de l'Énéide en italien, a rendu l'expression souvent citée « *maculosæ legmine lyncis* » par « *con veste di lupo cerviere* ». M. T. Casini, s'appuyant sur cet exemple, et retenant que pour Brunetto Latini « lince e lupo curviere sono la stessa bestia, mentre sono bestie diverse la lince e la leonza », a conclu que « nell'opinione dotta e volgare dei tempi di Dante, la lince non era la leonza, sì invece il lupo cerviere »[48]. Or, je crois que le savant critique se trompe s'il entend parler de l'opinion du vulgaire et des lettrés dans la patrie du grand poète florentin, car le loup-cervier (*Lynx vulgaris*) parait n'avoir jamais existé en Italie que dans quelques hautes vallées des

48 *Bull. della Società Dantesca,* N. S. II, 116.

Alpes[49]. Par conséquent, dans toute la région traversée par les Apennins, les termes *lince* et *lupo cerviere* ne devaient avoir aucun sens déterminé pour le peuple. On ne trouve ces noms, ni dans les comptes de fourrures, ni dans ceux des ménageries princières, ni dans les mandements relatifs à la chasse.

C'étaient des appellations de la faune littéraire, que les gens instruits interprétaient selon les divers sens qu'ils attribuaient aux vocables correspondants en latin. *Lince* était synonyme de *lonza*, pour ceux qui avaient vu la panthère exhibée sous ce dernier nom ; pour les autres, ceux du moins qui avaient lu les « *Origines* » d'Isidore, *lince* signifiait une sorte de loup imaginaire à peau tachetée. Brunetto Latini fait exception, parce qu'en France il avait vu, sinon le lynx d'Europe vivant, du moins le pelage moucheté de cet animal.

---

[49] On trouve encore en Sardaigne une sous-espèce de lynx (*Lynx pardinus*, Temminck) au pelage roux, moucheté, avec quelques raies transversales. Ce félin, beaucoup plus petit que le loup cervier des Alpes, a probablement existé autrefois dans le sud de l'Italie, et c'est peut-être à lui qu'il faut rapporter la *lince* mentionnée dans le Supplément de la *Fauna del Regno di Napoli*, publiée en 1839, par O. Gabriele Costa. Il se pourrait même que ce petit lynx ait porté le nom populaire *gatto lupesco*, qui se rencontre comme sobriquet dans un poème du XIIIe siècle, étudié par M. T. Casini (*Propugnatore*, I S., vol. XV, parte II, p. 339).

Ayant séjourné à Bar-sur-Aube[50], non loin de Troyes, on lui avait certainement montré, aux foires de la capitale champenoise, des fourrures de loup-cervier importées d'Allemagne et appelées par les pelletiers « peaux de lubernes », nom que l'on relève dans « *Li coutumes des foires de Troies* » du XIIIe siécle[51]. C'est donc en parfaite connaissance de cause, qu'il écrivait dans le « Tresor » : « Une autre maniere de loups sont, que on apele cerviers ou lubernes, qui sont pomelé de noires taches, autressi comme lonce, mais des autres choses est il semblables au loup ». L'emploi du joli mot populaire « pomelé » indique bien ici une sensation visuelle de l'auteur. Selon M. Casini, Brunetto aurait puisé sa notion du loup-cervier chez Solin, en y ajoutant « *del suo* » la ressemblance de l'once. Je ne

---

[50] On conserve aux Archives de l'Abbaye de Westminster un certain nombre d'actes notariés, relatifs à des emprunts faits par les rois d'Angleterre chez des banquiers de Sienne et de Florence, par l'entremise de cette abbaye. Or l'un d'eux se termine par « *Actum apud Barrim super Albam in anno Dominice Incarnationis millesimo ducentesimo sexagesimo quarto, indictione septima die guarta decima exeunte aprili. Ego Brunettus Latinus de Florentia, notarius, predicta coram me acta rogatus publice scripsi* ».

[51] FR. GODEFROY (*Dictionnaire*) a été induit en erreur par un écrivain du XVIe siècle, Du Pinet, qui donnait à ce mot le sens de « femelle du léopard ». La forme *luberne* pour *luperne* (*luperna** dérivé de *lupus*) provient apparemment de la prononciation des pelletiers allemands, qui disaient aussi *lebart* pour *lepart* (léopard).

saurais être de cet avis. Le maître de Dante me parait avoir voulu rectifier, d'après ses propres observations et d'après Pline, ce qui est dit dans le passage suivant des « Origines » d'Isidore de Séville : « *Lynx dictus quia in luporum genere numeratur ; bestia maculis distincta terga, ut pardus, sed similis lupo. Unde et ille lukos, iste lynx* ». Cette description doit avoir été tirée de quelque texte grec[52], où λυγξ avait le sens de loup cervier. Mais ce nom, en passant dans le latin classique, perdit sa signification primitive. Solin distingue le *lynx* du *cervarius*, tout en rangeant l'un et l'autre dans le genre des loups. Chez Pline les *lynces* ou *lyncas* n'ont rien à faire, ni avec les loups ni avec les *cervarii*, et ce sont ces derniers, qui ont l'aspect de loups tachetés comme les panthères (*effigie lupi, pardorum maculis*). Or, Brunetto faisait la même distinction ; cela n'est pas douteux. En outre il avait l'intuition de la parenté philologique des noms *lynx, lince, lonza*, etc., et interprétait chacun de ces mots au sens de *pardus*, autrement, au lieu de remplacer par des « cerviers » le *lynx* d'Isidore, il eût rendu ce nom latin en français par *lins*

---

[52] L'évêque de Séville avait sans doute pour collaborateur quelque clerc d'origine hellénique, qui lui traduisait oralement les textes grecs qu'il voulait utiliser. J'en vois la preuve par la graphie *promoscides* (au lieu de *proboscides*), qui, dans les plus anciens mss. des *Origines*, est répétée deux fois à l'article sur l'« Eléphant », et qui doit résulter de la prononciation bien connue du B chez les Grecs.

ou *linz*, déjà en usage au XIIe et au XIIIe siècle. D'ailleurs l'opinion de Brunetto, sur ce point, devait être générale dans les écoles de son temps.

Pour Dante la *maculosa lynx* de Virgile ne pouvait être que la panthère, « *quella fera alla gaietta pelle* » si finement esquissée au premier chant de l'Enfer, sans doute d'après le souvenir de la « *lonza* », que le poète, encore adolescent, avait dû souvent admirer à Florence, près du palais du Podestat, avant 1285[53]. Ce beau félin l'avait fortement impressionné, et je suis persuadé qu'il en revoyait l'élégante allure et la merveilleuse robe mouchetée, chaque fois qu'il rencontrait les noms de *lynx* et de *pardus* dans ses lectures. Je suis même porté à croire que c'est à une de ces évocations, qu'est due la présence de la « *lonza* » dans la « Divine Comédie ». En effet il me paraît vraisemblable que lorsque l'Alighieri concevait le plan de son immortel poème, l'idée de placer des animaux farouches, menaçants, au pied du « *dilettoso monte* », lui vint en lisant dans la « *Visio de gloria paradisi* » de l'abbé Joachim, que l'âme admise à pénétrer dans le séjour céleste est d'abord arrêtée par des « *lynces* », des hyènes, des griffons, des lions et des dragons :

---

53 A. GHERARDI, *Le Consulte della Rep. fior.*, II, 256.

Inde linces, hinc hyene et grifonum feritas
Procedendi ultra sibi interdicunt semitas,
Hinc leones, hinc dracones minant interitum[54].

En substituant à ces bêtes la triade « *lonza, leone, lupa* », le poète semble s'être inspiré d'un autre écrit de Joachim, l'« *Interpretatio in Hieremiam prophetam* »[55], où se trouvent commentés, au chapitre V, les trois animaux : *leo (fortior), lupus (calidior), pardus (levior, vigil, trahens mysterium…).*

Dante n'a probablement jamais connu le loup-cervier, que par la description qui en est faite dans le « Tresor » ; mais il n'en est pas ainsi pour le guépard. Il a dû voir le « *leopardus* », dont la Commune florentine avait fait l'acquisition, en 1290, au prix de 50 florins[56]. S'il n'en a point parlé, c'est que cet animal est peu intéressant, lorsqu'il est enfermé dans une loge grillée, comme devait être la « *domuncula* », qu'on avait fait construire pour celui de Florence. Dans ces conditions, le guépard reste pendant des heures entières

---

[54] Cette « *Visio* » « présentant le récit d'un voyage dans le monde surnaturel est curieuse comme antécédent de la Divine Comédie », dit Renan. Elle a été imprimée à la suite du *Psalterion decem cordarum,* de Joachim (Venise, 1527). Cfr. CAHIER, *Mélanges d'archéologie,* t. II, p. 16.

[55] L'ouvrage est dédié à l'empereur Henri VI ; il a été imprimé plusieurs fois à Venise. Je le cite d'après l'édition de 1595.

[56] A. GHERARDI, loc. cit.

couché, ronronnant, ou bien il se tient immobile sur ses quatre pattes, regardant fixement les spectateurs. C'est en liberté qu'il faut voir ce félin, quand il prend ses ébats avec d'autres guépards, ou mieux encore lorsqu'il est en chasse et fait, après une course vertigineuse, les trois ou quatre bonds prodigieux, qui lui permettent d'atteindre les gazelles les plus rapides. Sa vitesse est alors étonnante ; elle dépasse celle de tous les quadrupèdes. Quant à son pelage, il est joli, mais il n'excite pas l'admiration comme celui de la panthère.

En Afrique, dès la plus haute antiquité, l'homme a su apprivoiser le guépard et l'amener presque à la domesticité, comme le prouvent les peintures et les dessins, qui nous sont conservés sur divers monuments de l'ancienne Égypte. Toutefois c'est dans l'Inde, semble-t-il, que l'on a commencé à le dresser pour la chasse. De là, cet usage s'est propagé chez les Persans, les Arabes, les Mongols, etc., et, aussitôt après les premières croisades, dans les colonies franques de l'Asie Mineure, en Chypre, puis, peu à peu, dans tout l'Occident. Au XVe siècle, la chasse avec les guépards était devenue l'objet d'un véritable engouement en France, en Allemagne et surtout en Italie. Mais vers la fin de la Renaissance, ce genre de sport perdit beaucoup de son prestige, quand les princes se passionnèrent pour la chasse avec les armes à feu et la chasse à courre. Les guépards disparurent alors rapidement de tous les grands équipages cynégétiques. Le dernier léopard, dont on se soit servi à la cour de France, fut celui que Marie de Médicis avait amené de Florence, en 1600, lorsqu'elle épousa le roi Henri IV. Soixante ans plus tard, à Parme, la chasse avec les félins était parodiée d'une manière burlesque, dans un ballet composé pour le mariage du duc Farnèse avec Marguerite de Savoie. C'en était fait de cette vieille coutume orientale en Occident. L'empereur Léopold Ier essaya bien de la remettre en honneur, quelque temps après, mais son exemple ne fut suivi par aucun autre souverain. Bien que, durant plus de cinq siècles, ces guépards aient joué un certain rôle pour le luxe des cours européennes, cependant leurs traces sont assez rares dans les écrits du moyen âge et de la Renaissance. Cela tient, je crois, à ce qu'ils furent mal connus hors de l'entourage des princes, et que mainte fois ils ont été changés en chiens, en lionceaux, en panthères, etc., par les copistes, les traducteurs et les compilateurs.

La première et la plus fréquente de ces transformations s'explique d'abord par le fait que les guépards étaient plus souvent employés pour chasser les lièvres que les chevreuils ou les daims ; puis par la confusion, dans le latin des scribes, de *leopardus*, *lupardus* (guépard) avec *leporarius, leoparius*[57] (lévrier) et *luparius lupartus*[58] (chien-loup), noms qui ont pu être appliqués quelquefois à des personnes[59].

Parmi les erreurs de ce genre, que j'ai relevées dans différents textes latins, italiens et français, il en est une particulièrement intéressante au point de vue historique. Elle se rapporte à deux guépards présentés au premier service du repas pantagruélique, qui eut lieu, à Milan, le 5 juin 1368, pour les noces de Lionel, duc de Clarence, fils du roi d'Angleterre, Edouard III, avec Violante, fille de Galéas II Visconti. Au commencement du XVe siècle, Bonamente Aliprandi, après avoir décrit ce premier service, dans sa « Chronique de Mantoue »[60], ajoutait :

Presso l'imbandigion fur presentate
Dui liopardi con collar di velluto,
Corde di seta e le fibbie dorate.

---

[57] DU CANGE (éd. F. Didot) : *Leoparius,* lévrier, *Gloss. lat. gall.* Bibl. Insul. E, 36, XVe siècle.

[58] L. DIEFENBACH, *Novum Gloss. lat. germ. med. et inf. aetatis.*

[59] Voir à ce propos une note intéressante de M. P. FEDELE (*Arch. d. Soc. Romana di Storia patria,* XXVIII, 208) sur un texte, où il est question d'une femme « *que mortua fuit sive strangulata a lupardo* » à Rome dans la maison de Cencio Frangipane, vers le milieu du XIIe siècle.

[60] MURATORI, *Antiquitates Italicae,* t. V, col. 1188.

Or ces deux « liopardi » sont devenus des « livreri » dans les *Annales Mediolanenses* (Muratori, *R. I. S.*, XVI, 739) ; des *levrieri* dans les Fragmenta Hist. Mediol. (*ibid.*, XVI, 1052); des *levereri, levreri* dans les diverses rédactions, en prose et en vers, de la « Chronique du Montferrat » par Galeotto dal Caretto ; de même dans l'« Histoire de Milan » de B. Corio, etc. Il est vraiment étrange que cette confusion n'ait attiré l'attention d'aucun des nombreux écrivains modernes, qui ont parlé du fameux banquet de 1368. Tout le monde sait pourtant qu'en pareille occasion, les princes montraient d'abord ce qu'ils avaient de plus remarquable, de plus précieux. Au commencement du dit banquet, deux lévriers auraient fait bien maigre figure. C'est par douzaines, que le fastueux sire lombard fit alors passer ses chiens de chasse sous les yeux des convives : *cobbie dodici di sausi* (limiers), puis *cobbie sei di leprieri correnti,* selon Aliprandi (douze couples de lévriers chez tous les autres chroniqueurs). Toutefois en choisissant deux « léopards » pour la première présentation, Galéas Visconti n'eut pas seulement l'idée d'offrir aux invités la vue d'une rare curiosité ; il voulut témoigner d'une attention aimable et délicate envers le duc Lionel, car ces fauves représentaient le principal emblème des armes d'Angleterre ; emblème qu'avait adopté Geoffroy Plantagenet, lorsqu'il épousa Mathilde, fille du roi Henri Ier, le grand amateur des animaux d'Orient, dont il a été question plus haut.

Après le « *leopardus* » d'Isidore de Séville, nous ne retrouvons le guépard dans les littératures occidentales que vers le temps de la première croisade. L'auteur de la « Chanson de Roland » connaît déjà ce fauve, ou du moins il a entendu parler de sa férocité et de son impétuosité, car il lui compare le célèbre héros de Roncevaux :

(v. IIII) Quant Rollanz veit que bataille serat
Plus se fait fiers que leun ne leuparz.

Ailleurs (*v.* 728 et 2542) le même poète raconte que Charlemagne a été effrayé en songe par de terribles léopards.

Pour Robert Wace (*Roman de Brut,* v. 10889) le guépard est simplement un animal de grand prix, figurant parmi les nombreux présents, que le roi Artus aurait distribués lors de son couronnement : *Dona lieparz e dona ors*[61].

Nous avons mieux chez Raoul Tortaire. En effet, ce moine lettré décrit le guépard tel qu'il l'a admiré à Caen, tenu en laisse et porté sur un cheval ; puis il

---

[61] Le Roux de Lincy, l'éditeur du *Brut,* note que dans un manuscrit l'on a la variante « *Dona levriers, dona oisiax* » et dans un autre « *Dona levriers, dona braques* ».

rapporte, d'après Isidore, l'origine légendaire de ce félin et vante ses sauts prodigieux :

Hinc maculis leopardus equo pulcherrimus atris
Collo vehebatur nexibus implicitus.
Hunc creat in torva pardi genitura lœna.
Velox inde feras saltibus exsuperat[62].

Il s'agit certainement ici d'un léopard dressé pour la chasse. Si le poète ne le dit pas, c'est sans doute parce qu'il ne l'a vu qu'à la parade de la ménagerie royale.

Quelques informations plus précises sur les guépards de chasse nous sont fournies, au XIIIe siècle, par Jacques de Vitry, qui avait dû connaître ces animaux en Syrie, lorsqu'il était évêque d'Acre. Voici comment il s'exprime à ce sujet, au chap. 86 de son « Histoire de Jérusalem » : « *Sunt et leopardi, sic dicti quasi leonibus similes in capite et disposicione membrorum, licet non sint tam magni, nec tam robusti : adeo etiam mansueti fiunt ab hominibus, quod eis sicut canibus utuntur ad venandum ; non enim currendo predam capiunt, sed saltus faciendo, et si in lercio sallu predam non ceperint, eam prorsus dimittunt sibi indignando* »[63]. Ce qui est dit ici du dépit éprouvé par les guépards, lorsqu'ils ont manqué leur proie, a été amplifié, exagéré par divers compilateurs, tels que Vincent de Beauvais, Albert le Grand, etc. ;

---

62 Eugene de Certain, *Op. cit.*, p. 513.

63 Turin, *Bibl. Nat.* ms. lat. D, II. 21, fol. 43.

mais ces remaniements ont peu d'importance. Un fait plus intéressant à noter, c'est que les trois bonds du guépard sont devenus un symbole religieux dans l'ancienne littérature allemande. Ainsi, selon le poète Konrad von Würzburg, Jésus, de même que le léopard, fit trois sauts, d'abord du ciel sur la croix, puis dans la Mort et ensuite dans l'enfer, pour racheter les damnés, qu'il put saisir, abandonnant les autres. Chez Hugo von Trimberg, au contraire, c'est le diable qui fait les trois sauts sur la terre pour attraper ses victimes[64].

Aucun poète italien de la même époque ne s'est inspiré des guépards et il y a lieu d'en être surpris, car ces félins furent souvent vus en Italie, au XIIIe siècle, surtout du temps de l'empereur Frédéric II. Presque oriental par ses goûts et son éducation, ce monarque avait la passion des animaux exotiques et il en emmenait toujours quelques-uns avec lui dans ses expéditions à travers la péninsule. En 1231, il était venu à la grande assemblée de Ravenne avec un éléphant, des chameaux, des dromadaires, des lions, des panthères, des guépards, etc. On revit ensuite cette ménagerie, de temps à autre, durant une vingtaine d'années, à Pise, à Parme, à Crémone, Vérone, Padoue, Vittoria, etc. D'autre part on put jouir, en maint endroit, du spectacle de la chasse avec les guépards, sport auquel

---

[64] FR. LAUCHERT, Geschichte des Physiologus, p. 180.

Frédéric s'adonnait volontiers, quand il faisait un séjour un peu prolongé dans quelque région du Nord de l'Italie. Il se faisait alors envoyer des guépards de ses léoparderies du midi, particulièrement de celle de Lucera, où des esclaves maures étaient chargés d'entretenir et de dresser un grand nombre de ces animaux sous la direction d'un intendant. Ainsi vers la fin de 1239, se trouvant à Pise, il mandait à Rinaldino de Palerme, de choisir parmi les léopards de chasse confiés à ses soins, trois des mieux dressés et trois autres, non dressés, mais sachant pourtant se tenir à cheval (*qui tamen sciant equitare et habiliores sint ad affaytandum*) ; puis de les amener à San Flaviano avec six léopardiers. Quelques semaines après, il les faisait venir à Androco[65].

Ces imitations du luxe des Infidèles étaient naturellement désapprouvées par la cour de Rome. Elles furent blâmées même par un ancien partisan de Frédéric, le troubadour Guilhem Figueira, qui trouvait l'empereur bien fou de perdre son temps à chasser dans les friches avec des guépards ou de se promener accompagné d'un éléphant :

Pero qar vai chazan
per bosc et per eissartz
ab cas et ab leopartz ?

---

[65] *Regestum Imp. Frederici*, II, p. 308, Naples, 1876.

E quar men' aurifan ?
Ben es fols l'enperaire
e nescis e musartz...[66].

Mais, en général, les populations devaient être remplies d'admiration à la vue du cortège de Frédéric II ; d'autant plus que dans certaines occasions ce cortège renfermait, outre les animaux exotiques, des nègres éthiopiens, de nombreux Arabes somptueusement vêtus, des jongleurs, des chanteurs et des chanteuses, des joueurs de violes et de cithares, des danseuses orientales, etc. On peut s'imaginer, par exemple, avec quel enthousiasme l'empereur fut accueilli sur les bords du Rhin, lorsqu'il se rendait à Worms, en 1235, pour épouser Elisabeth, sœur du roi Henri III d'Angleterre, « *procedens in magna gloria,* dit un chroniqueur allemand, *cum quadrigis plurimis auro argentoque onustis, bysso et purpura, gemmis atque preciosa suppellectili cum camelis, mulis atque dromedis, Sarracenos quoque multos et Ethyopes diversarum artium noticiam habentes cum symiis et leopardis, secum adducens...* »[67]. Il en fut de même, sans doute en Italie, lors des réjouissances, qui eurent lieu à Crémone, en 1237, après la victoire de Cortenuovo, et, à la fin de l'année suivante, quand l'empereur fit son entrée solennelle à

---

[66] O. Schultz Gora, *Ein Sirventes von Guilhem Figueira gegen Friedrich II,* p. 22, Halle, 1902.

[67] J. F. Boehmer, *Regesta Imperii,* V, 414.

Padoue. Malheureusement, les descriptions détaillées de ces fêtes nous font défaut.

J'ai dit ci-dessus que Frédéric emmenait quelquefois avec lui des musiciens et des chanteuses. Or, la preuve de ce fait m'apparait dans un passage de la « *Chronica Parmensis* » de Fra Salimbene. Cet auteur, parlant de son séjour à Pise (1243-1247), ville où il était venu tout jeune homme (*juvenculus*), raconte qu'un jour, allant mendier par les rues avec un confrère, il entra dans une cour toute couverte de pampres, qui donnaient une ombre délicieuse : « *Ibi erant leopardi et aliæ bestiæ ultramarinæ quamplures, quas libenter aspexinus longo intuitu, quia libenter inusitata el pulchra videntur. Erant etiam ibi puellæ et pueri in œtate ydonea, quos pulchritudo vestium et facierum speciositas multipliciter decorabat et faciebat amabiles. Et habebant in manibus, tam feminæ quim masculi, viellas et cytharas el alia genera musicorum diversa, in quibus modulos faciebant dulcissimos et gestus repræsentabant ydoneos. Nullus tumultus erat ibi, nec aliquis loquebatur; sed omnes in silentio auscultabant. Et cantio quam cantabant inusitata erat et pulchra* »[68]. Émile Gebhart voyait dans ce gracieux petit tableau une scène de la vie des riches Pisans, au moyen âge ; mais il se trompait certainement. Ces rares animaux d'Outremer, ces jeunes filles

---

[68] *Fra Salimbene de Adam Parmensis ordinis minorum Chronica*, p. 17, Parme, 1857.

et ces jeunes gens chantant dans une langue « insolite » n'ont rien à faire avec la vie toscane de la première moitié du XII° siècle. Tout me porte à croire que la cour (*quædam curtis*), qui parut si merveilleuse à Fra Salimbene et à son compagnon, était attenante à un palais de Pise, où Frédéric II demeura presque tout le mois d'août de l'année 1244, et que les deux jeunes moines y pénétrèrent, inaperçus, lorsqu'on y donnait un concert, exécuté par des musiciens, Grecs ou Arabes, au service de l'empereur.

Après la mort de ce prince, on continua à se servir de guépards pour la chasse dans le midi de l'Italie. Nous savons que le roi Charles Ier d'Anjou et ses successeurs en eurent toujours plusieurs à Naples. Or, c'est là apparemment que Pétrarque apprit à connaître ces animaux, quand il fut envoyé en ambassade près la reine Jeanne. Il se pourrait qu'il ait vu plus tard ceux de Galéas Visconti, mais il est difficile de le prouver. Quoi qu'il en soit, c'est chez ce poète que nous rencontrons pour la première fois une similitude basée sur la rapidité du guépard :

Non corse mai sì lievemente al varco
Di fuggitiva cerva un leopardo
Libero in selva o di catene scarco.

(*Trionfo della castità*, XIIII, 39-41).

Au XVe siècle, une comparaison analogue fut faite à propos de la biche par l'auteur anonyme d'une jolie chanson de chasse (*Non dormite, o cazatore*) :

L'è si pronta nel fuggire
Che la pare un lionpardo[69].

Dans le vers bien connu de Folgore da S. Geminiano :

leggero più che lonza o liopardo

le poète paraît s'être inspiré à la fois de la « lonza » de Dante et du « *leopardo* » de Pétrarque sans prendre garde que la vitesse extraordinaire de la course du guépard à la chasse n'est pas un terme de comparaison identique à l'allure vive et légère d'une panthère en captivité. Mais nous n'avons sans doute ici que de pures formules littéraires. Il en est autrement chez l'Arioste.

Le célèbre auteur de l'*Orlando furioso* nous prouve par quelques-unes de ses similitudes qu'il connaissait parfaitement le guépard, et que la manière dont se comporte ce félin à la chasse l'avait fortement impressionné. Par sa position à la cour de Ferrare, l'Arioste, dans sa jeunesse, avait dû quelquefois prendre part aux chasses du duc Hercule Ier. Or nous savons que ce prince y employait de très beaux guépards, portés

---

[69] G. Carducci, Cacce in rima dei sec. XIV e XV. p. 83.

chacun à cheval, sur un tapis, en croupe derrière le chasseur, et ayant des colliers agrémentés de grelots comme ceux des éperviers de chasse. La renommée de ces animaux était parvenue à la cour de France, et le roi Louis XI écrivit, vers 1483, à son « très cher et très amé cousin le duc de Ferrare » pour le prier de lui envoyer un de ses « liepars qui prengnent bien les lieures »[70].

Comme tous ceux qui ont vu le guépard à la chasse, l'Arioste a été frappé de la merveilleuse rapidité de cet animal ; aussi l'appellera-t-il « *il pardo isnello e presto* » (*Orl.*, XXVI, 93), et il dira du chien, qui lutte de vitesse avec un faucon, pour arrêter le cheval Rabican monté par Roger (*Orl.*, VIIL, 7) :

Non vuol parere il can d'esser più tardo,
Ma segue Rabican con quella fretta
Con che le lepri suol seguire il pardo.

Mais ce n'est pas la seule impression qu'il avait éprouvée. En racontant la fuite d'Angélique (*Or.*, I, 34), il se rappelle avoir vu le guépard égorger quelque chevrette, dont le faon s'était enfui épouvanté, et il écrit ces beaux vers :

[70] Louis XI écrivit à ce propos deux lettres, que j'ai signalées dans mon article *Les guépards chasseurs en France* (*Feuille des jeunes naturalistes*, Paris, 1er août, 1888).

Qual pargoletta damma o capriola,
Che tra le fronde del natio boschetto
Alla madre veduta abbia la gola
Stringer dal pardo, e aprirle 'l fianco o 'l petto,
Di selva in selva dal crudel s'invola,
E di paura trema e di sospetto.

L'Arioste ne parle pas des fameux trois ou quatre sauts du léopard fréquemment mentionnés dans les écrits du moyen âge, mais on voit qu'il a observé, lui aussi, le dépit que témoigne cet animal lorsqu'il a manqué sa proie[71]. Et c'est au souvenir de ce fait que nous devons la magnifique strophe où le poète décrit le dépit des deux guerrières, Brandimarte et Marfisa, qui n'ont pu s'emparer du roi Agramante, avant qu'il ne se soit réfugié dans Arles (*Orl.*, XXXIX, 69) :

Come due belle e generose parde
Che fuor del lascio sien di pari uscite,
Poscia ch' i cervi o le capre gagliarde
Indarno aver si veggano seguite,
Vergognandosi quasi che fur tarde,
Sdegnose se ne tornano e pentite ;

[71] Sur ce trait caractéristique du léopard de chasse, je relève dans *l'Acerba* de Cecco d'Ascoli trois vers remarquables :

Desdegna se non prende in quattro sa
Et per vergogna in terra fiso guarda
Pensando sdegna de gli vili assalti.

Cosi tornâr le due donzelle, quando
Videro il Pagan salvo, sospirando.

Dans « Le divin Arioste ou Roland le furieux » de Fr. de Rosset, traduction en prose, qui eut un grand succès au XVIIe siècle, le premier vers de la strophe ci-dessus est rendu par « Tout ainsi que deux belles et généreuses levrettes (!)... » ; mais cette bévue ne se répète nulle part ailleurs. Après le XVIe siècle, les lecteurs et les traducteurs de l'*Orlando furioso* entendirent généralement *pardo* et *parde* au sens de panthères, et cela dura presque jusqu'à la fin du siècle dernier. Ni G. Bolza dans son *Manuale Ariostesco,* ni l'abbé Ferrazzi dans sa *Bibliografia Ariostesca* n'ont relevé cette erreur. En 1881, le prof. Michel Lessona, dans un article « *Le caccie in Persia* » publié par la *Gazzetta letteraria* de Turin, fut le premier à faire remarquer que l'animal appelé *pardo* par l'Arioste était certainement le guépard. Plus tard il répéta cette observation dans son livre « *Gli animali nella Divina Commedia* » (pp. 13-14), mais il en était réduit à une hypothèse pour expliquer comment le poète avait pu connaître de visu ce félin exotique. « *Non è impossibile,* écrivait-il*, che i principotti italiani del suo tempo, sfrenatamente appassionati per la caccia, abbiano fatto venire qualche ghepardo* ». On le voit, le savant zoologue, qui avait écrit sur les guépards chasseurs en Orient, ignorait complètement l'histoire de ces mêmes animaux en Occident.

Il ne savait pas qu'à l'époque où vivait l'Arioste, on entretenait des guépards aux principales cours d'Italie, à Naples, à Rome, à Florence, à Milan, à Ferrare, etc., et que ces beaux félins figuraient au premier rang, dans les équipages de vénerie des plus grands princes d'Europe : l'empereur Maximilien, les rois Louis XII et François Ier, le roi Emmanuel de Portugal, le roi René d'Anjou, les ducs de Bourgogne et de Lorraine, etc. Le duc du Milan et le duc de Ferrare rivalisaient alors de luxe pour l'entretien de leurs guépards et ils étaient fiers de les montrer aux grands personnages étrangers. En septembre 1496, ainsi que nous l'apprend Marino Sanuto, Ludovic Sforza se servait de ses guépards pour chasser à Vigevano avec l'empereur Maximilien ; et au mois d'octobre, 1499, le duc Hercule Ier faisait venir les siens de Ferrare à Milan pour divertir le roi de France, Louis XII, « *della qual cosa i Veneziani stavano di pessima voglia* » est-il dit dans le *Diario ferrarese*.

Que l'Arioste ait appris à connaître les guépards aux chasses de Ferrare, cela ne fait pas l'ombre d'un doute. En a-t-il vu ailleurs dans ses voyages en Italie ? C'est fort probable, mais il n'en est rien dit dans les lettres qui nous sont restées de ce grand poète.

ISBN 978-2-487404-14-4
Dépôt légal novembre 2024

CH3
PRESS

www.ingramcontent.com/pod-product-compliance
Lightning Source LLC
LaVergne TN
LVHW021144160826
845679LV00023B/2048

* 9 7 8 2 4 8 7 4 0 4 1 4 4 *